致拉纳克郡报告

〔英〕罗伯特·欧文 著

柯象峰 何光来 秦果显 译

创于1897
商务印书馆
The Commercial Press

A NEW VIEW OF SOCIETY

AND OTHER WRITINGS

BY ROBERT OWEN

EVERYMAN'S LIBRARY

J. M. Dent & Sons Ltd. , London

First published in this edition 1927

Last reprinted 1949

中译本根据 J. M. 登特父子有限公司 1949 年伦敦版中相应部分内容译出

罗伯特·欧文

公社的模型

目　　录

致拉纳克郡报告^①

本报告的内容是一项使贫民和劳动阶级获得永久的、生产性的工作，从而解除公众困苦并消除不满情绪的计划。计划中的安排将大大改进他们的性格，改善他们的生活状况，降低生产费用和消费费用，并开辟与生产相适应的市场。

罗伯特·欧文

1820 年 5 月 1 日

---

① 1819 年英国通货膨胀、工资下降、工人失业等现象更为严重。由于欧文的努力，新拉纳克工厂的工资并未下降。于是，由拉纳克郡缙绅组成的一个委员会要求欧文提出建议，帮助他们解决工人失业和居民贫困的问题。欧文应邀写了这篇报告。

在这篇报告里，欧文第一次明确而系统地概述了自己的空想社会主义思想，并针对各方面对他前此提出的济贫计划的批评和责难、特别在经济理论方面，作了反驳。——译者

　　本报告应拉纳克郡上选区缙绅委员会的请求,提交1820年5月1日在拉纳克举行的全郡大会,后奉大会命,转交由下列各位先生组成的委员会审查:

　　诺曼·洛克哈特先生(委员会召集人)

　　罗伯特·汉密尔顿先生(拉纳克郡代理郡长)

　　詹姆斯·斯图尔特·德纳姆(科尔特纳斯地方从男爵)

　　威廉·霍尼曼(阿马代尔地方从男爵)

　　亨利·斯图尔特(阿兰顿地方从男爵)

　　戈登(哈珀菲尔德地方上校)

　　休·莫斯曼(奥赫蒂法德尔地方缙绅)

第一部 导言

报告人受托为之提供补救办法的弊害是,劳动阶级普遍缺乏能赚得足够工资以维持家计并有利于社会的工作。

报告人极为认真地考虑过这一问题以后,不得不得出如下结论:如果政府和议会不在举国上下竭诚支持之下事先采取措施,消除障碍,那么各行业、工业和商业以至农业都无法提供这种工作机会;政府与议会如不出面设法,这些障碍就将使劳动阶级永远处于贫困与不满之中,并将逐渐破坏帝国的一切资源。

报告人由于以下各项理由,深深地认识了这一结论的正确性:

第一,体力劳动在适当的支配下是一切财富和国家繁荣的源泉。

第二,劳动在适当的支配下,对于社会所提供的价值,比劳动者维持相当舒适的生活所必需的费用要大得多。

第三,体力劳动得到适当的支配后,在任何可以想像的世界人口增长的情况下,都可以在世界各地一直维持这种价值达许多世纪之久。

第四,体力劳动在适当的支配下,可以使大不列颠及其属地以极其有利于全体居民的方式供养难以数计地增加的人口。

第五,如果这样地支配体力劳动,我们就会发现,人口的增长有利于社会,而今后许多年内我们还无法鼓励人口像社会所要求的那样迅速增长。[①]

以上理由都是根据政治经济学中最显而易见的首要原理推演出来的。这些理由使报告人相信,有一些极大的人为障碍阻挡了社会的自然改良和进步。

如所周知,由于科学设备和科学管理制度得到迅速的改良和发展,同时或多或少地为全国各工业生产部门所采用,不列颠帝国的生产力特别在最近五十年中得到了不断的提高,超过了其他任何国家。

---

①　欧文在这里较为系统地驳斥了马尔萨斯的"人口过剩论"。——译者

这种新生产力的规模,由于缺乏适当的资料,无法作十分准确的估计。但报告人根据无可争辩的事实可以肯定,新生产力的增长是极其巨大的;新生产力和大不列颠与爱尔兰的全体人民的体力劳动相比至少是**四十比一**,而且很容易使之成为**一百比一**;这种增长可能发展到其他国家中去,而目前的状况就已经足以使全世界充满财富;生产财富的力量还可以不断加速发展。

报告人认为,像这样从知识与科学中取得帮助的自然后果应当是:随着新生产力的提高和管理得当,社会的财富和幸福也成比例地增加,各方面都因此而得到丰厚的利益。然而大家都知道,造福世人的这种后果并不存在。相反,我们必须承认,在人口中占绝大多数的劳动阶级甚至无法取得他们的劳动先前所能赚得的生活享受;他们的苦难似乎并不能使任何方面得益,反而使所有的人都受害。

报告人对这问题有这种看法,因而得出结论说,劳动阶级缺乏有益的工作,以及人民大众因此而遭受困苦,都是新生产力迅速提高的结果;社会一直疏忽,没有作出适当的安排,使这种生产力得到有利的应用。如果能作出这种安排,报告人就可以极有把握地预计,一切需要工作的人可以重新获得生产性的工作；引起全国民怨沸腾的贫困可以逐步转化为繁荣，其程度将远远超过最近大大提高社会生产力以前所能达到的程度。

报告人对于这种前景感到十分欢欣鼓舞，因而专心考虑是否有可能作出安排，使全国人民分享到提高科学的生产力所能带来的利益。他满意地向大会指出，他有充分的根据相信这种安排是切实可行的。

报告人关于这一部分关键问题的意见，是根据下列各项理由提出的：

第一，我们必须承认，人们所取得的科学或人为的助力提高其生产力，而其自然需要却保持不变。随着生产力的提高，人们对体力以及与体力有关的许多附带条件的依靠便愈来愈少。

第二，科学或机械与化学力量每有增加，都直接造成财富的增加。因此，我们发现，目前劳动阶级缺少就业机会的直接原因是各种财富生产过剩。在现有的商业安排状况下，全世界所有的市场都发生存货过剩的现象。

第三，如果能找到市场，社会财富还可以得到无法估计的增加。这一点，我们从寻找工作的人数，以及比这要

多得多的因愚昧无知而工作效率不高的人数来看就十分
明显。如果我们看看自己所具有的使科学的生产力无限
增加的条件,这一点就更加明显了。

第四,劳动阶级之所以缺乏就业机会不可能是由于
缺乏财富与资本的缘故,也不可能是由于缺乏大量增加
现存财富与资本的手段的缘故。这只是由于新资本的这
种特大增长量在社会中的分配方式有某种缺点而造成
的。用商业上的话来说,这是缺乏与生产手段的多寡相
适应的市场或交换手段而造成的。

如果能够想出有效的措施,使财富在产生后能够顺
利地加以分配,本报告人就可以毫无困难地提出方法,使
所有失业者甚至比他们多得多的失业者全都获得有益的
工作。

报告人知道,人类生来就不愿意对积习相沿的办法
开始作出任何重大的改变。在许多情形下,这种革新不
论它有多么有利的趋势,都只是在强烈的要求迫使社会
非接受不可时才能实现。

唯有迫切需要才能使现有状况所要求的种种变革付
诸实现。其中有一种变革是关于最近已经生产出来,而
且现在还可以无限增加的巨大的新财富或资本的分配方

式的变革。目前商业普遍停滞,国家因而困顿,这都可以归因于人们对这个问题和其他有关政治经济学的问题的普遍无知。

报告人对于自己可能引起的任何反对不会感到沮丧,决心肩负起自己的责任,竭尽所能使公众冷静地考虑他所认为唯一足以解救这种困顿状况的实际措施。

报告人在这种情形之下不揣冒昧地提出使**全国充满繁荣景象**(如果可以这样说的话)**的措施之一,便是改革价值标准**。

诚然,黄金与白银在文明世界中早已用作价值标准。但这些金属只是人为的标准,作为价值标准,它们是极不完善和极不方便的。

黄金白银作为价值标准这件事情,使一切东西的**内在**价值变成了**人为**价值,从而大大阻碍了社会的普遍改进;其程度之深的确使我们满可以说,在这种意义下,"金钱是万恶的根源。"幸而对于社会来说,这两种贵金属已经不能再完成愚昧赋予它们的任务了。1797年以前,科学上极其巨大的进步使我国的财富迅速增长,使议会在那一年感到迫切需要以议会法令的方式实际宣布黄金不再是英国的价值标准①。那时的经验证明，黄金白银已经不能如实地代表英国工业经过科学改进后所产生的巨大增长的财富。

人们想出了一个权宜办法，并加以采用。于是英格兰银行的纸币就成了英国的法定价值标准。这令人信服地证明：任何人造的物质，不论是否具有内在价值，都可以由社会定为法定价值标准。

但不久就看出，采用了这种新的人为标准以后就产生了极大的危险。因为这样就使社会的繁荣与幸福任凭一个商业公司随意处理。这个公司在这种商业方面虽有很高的信誉，对于自己所操纵的强大工具的本质在很大程度上却是一无所知的。议会几乎众口一词地要求废除这种对价值标准的垄断。然而议会完全没有准备提出一个补救办法。当时所采用的权宜措施是作好准备，试图恢复以前的人为价值标准。早在1797年，经验已经证明这种人为价值标准不足以代表不列颠帝国当时所拥有的

①　1797年英国议会由于对法战争和战争所引起的通货膨胀而通过法案，授权英格兰银行停止兑换黄金，至战争结束后六个月为止。1819年英国政府任命一个委员会审议通货问题。根据此委员会的建议，英格兰银行开始分阶段准备恢复兑换黄金。1921年恢复金本位制和银行券兑换黄金。——译者

财富。1797 年以后这一时期,帝国的财富与增殖财富的手段又已增长到无法估计的程度,这种人为价值标准自然更不足以代表了。这种失策的措施使政府遭受了最可怕的困难,并使整个国家陷入贫困、不满和危险的境地中。

人们看到这一措施稍一实行就引起了极大的灾难,使得农业、工业和商业都发生了前所未有的萧条,几乎使劳动的价值全部消灭,因而已经造成了一场灾难;于是人们希望,政府与议会以及社会贤达能够悬崖勒马,不把他们自己的以及整个国家的繁荣与安全推入骇人的深渊。

现在大会大有理由问报告人,他有什么样的补救办法可以提出并将建议用什么样的价值标准来代替黄金和白银呢?

在谈这一部分问题以前,报告人必须请大会原谅他占去许多时间;这一问题的复杂性、艰巨性和重要性,加上与日俱增的、显然无止境的劳动阶级的贫困与痛苦,以及因之而来的全国令人惊慌的危险状况,这一切他相信可以作为他多占时间辩解的理由;尤其是他并非替私人利益说话,而只是叙述一个同社会各阶层的幸福和繁荣密切相关的问题。

要理解报告人行将提出的问题，必须对整个政治经济学有深刻的研究。一知半解的知识最能贻误实际的政治家。世界之所以治理得如此不良，主要原因也许就在于此；因为政治经济学的目的是指导人们怎样最好地运用自己的全部才能，而直到现在这些才能结合起来主要只是妨害社会的改进。

报告人对于这一问题曾经从理论上和实践上深入研究过三十多年。在这一时期中，他的实践一无例外地肯定了最初通过实践而发现的理论。现在作为这种研究和经验的结论之一，他大胆提出这样一句话：

从原则上讲，人类劳动或人类所运用的体力与脑力的结合是自然的价值标准。

把这一原则立即付诸实现是极为有益的，在目前的形势下已是绝对必要的。

对这一问题持有肤浅或偏颇的看法的人会说，人类的劳动或能力在个人身上是极不相等的，所以它的平均量无法计算。

然而人类的平均体力和马（在个别马身上同样是极不相等的）的平均体力已应科学的需要而计算出来了，现在两者都被用来衡量无生动力。

根据同样的原理，人类平均劳动或平均能力是可以确定的。它既是一切财富的本质，它在每项产品中的价值便可以确定，它同其他价值的交换价值也可以随之而确定出来。所有这一切在一定的时期内是稳定的。

像这样，人类劳动就可以获得它的自然或内在价值。这种价值将随着科学的发展而增长；事实上，科学的唯一真正有用的目标就是增加这种价值。

那时，人类劳动的需求将不再任人随意摆布，人类的生计将不像现在这样成为永远变动的一宗商品，劳动阶级也不再成为人为工资制度的奴隶。从效果上说，人为工资制度比野蛮或文明社会历来实行过的奴隶制度都更残酷。

这种价值标准的改变马上就可以打开一个极为有利的国内市场，直到一切人的需要都得到充分供应为止。这种价值标准继续存在时，将来也不会有任何由于缺乏市场而产生的祸害。

改变价值标准将为我国提供条件，进行最广泛而又极其有利的对外商业交往与交换，不仅无损于国家利益，而且还可以使所有的国家撤销每一种现存的有害于商业的限制。

改变价值标准将使目前败坏道德的个人讨价还价的买卖制度成为不必要和完全无用。很可能任何办法都不像这种买卖制度这样能使人蜕化堕落。

改变价值标准能为劳动阶级提供时间和条件，使他们受到充分的教育，从而很快地消除社会上的贫穷与愚昧现象。这样，劳动阶级所具有的商业价值对自己和社会来说，都可能比世界上以往任何时期都要多得多。

改变价值标准可以提供条件使各阶层的生活状况逐步改善到无法估计的程度。

改变价值标准可以大大地改进人类的本性，提高大家的幸福和福利，所以任何人都不会受到伤害和压迫。

如果我们能作出适当的准备进行这种变革，那么以上各项便是采用自然价值标准、抛弃已经不能再用的人为价值标准以后将要得到的一些重大利益。

现在我们要考虑一下用什么方式来实现这种变革才不会引起暂时的混乱现象。

为了达到这一令人向往的目标，就必须采取几种立法措施。

第一步，作为一个临时的过渡措施，要把国家从旨在强行恢复现金支付制度的各种努力所造成的灾难性的后果中解脱出来。这是使得劳动阶级在金钱方面日益增加的困难不再增加的措施。继续坚持那种努力,就会使整个现有社会制度解体。那种努力是枉费心机的,就像要把一只长成的鸟儿塞回原来的卵壳里去或要巨人穿上婴儿的衣服一样,因为社会的进步已经同样地超越了原先的现金支付制度。如果我们坚持努力恢复现金支付制度,就不能产生更多的财富,而且现在被认为是财富的东西也将大量地遭到毁坏。那样坚持实行下去,就会迫使劳动阶级挨饿或移居他国;留下的现有的较高阶层则容易成为敌人和贫困的牺牲品。恢复现金支付的做法纵使切实可行,也不能使任何方面得到真正的利益。

第二步,要采取措施使失业劳动贫民获得工作,生产出自己的生活资料,并尽自己的劳动,生产出剩余产品,供应幼儿、老年和残废贫民。劳动者生产出剩余产品以后,应当得到公平合理的报酬。

但是贫民的辛勤劳动像这样运用以后,将使世上的市场更加充斥着农产品和工业制造品,并以同一比例降低其**名义或货币价格**,因而自然会增加公众的困苦。

报告人对这问题持有这种看法,所以大声呼吁我们人口众多而生活困苦的拉纳克郡中领导全郡事务的人物，在这危急存亡之秋出面向政府建议、向议会请愿，促使他们十分认真地考虑人们在消除妨害国家普遍繁荣的现存障碍方面可能提出的办法。

劳动阶级顺利的和本来有益于世人的劳动受到阻碍的唯一原因就是缺少有利的市场。

世界上的一切市场完全是劳动阶级的劳动报酬造成的。市场的范围和利润都随着劳动阶级的劳动报酬的多寡而增减。

但是现有的社会制度不允许劳动者的劳动获得报酬，因而一切市场便都衰退了。

如果要根据最近日趋完善的科学改良以及其他条件使供应手段扩大的程度来相应地恢复和扩大需求量，就必须采用自然价值标准。

我们将发现自然价值标准是可以完成这一重大任务的。

它将马上消除使我国工业瘫痪的障碍。经验将证明用任何其他的权宜办法都无法取得这种效果。

报告人根据以往的经验提出的解除国家困苦与危机的一些原则，在上面已经作了一般的解释，下面将说明实现这些原则的全部必要措施。

第二部　计划大纲

人们承认,在目前的制度下,工业与农业方面已经无法以有利的方式雇用更多的人手;工业与农业都已到了破产的前夕。

同时,人们也承认,国家的繁荣——更确切些说,必定能使国家繁荣的机械和化学的改良,使人民生产出来的东西比现有制度下所能消费的东西要多得多。

因此就必须采取新措施使**消费**不落后于**生产**。报告人提出以下各项办法:

第一,用锹而不用犁耕地①。

第二,实现用锹耕作所要求的变革,使得用锹耕作对

①　这是欧文根据威廉·法拉的经验而介绍的耕作法。1920年法拉应邀写信给欧文介绍他的经验。信中说他三四十年以来主要经营苗圃并出售树苗。十多年前因人手不够,一部分苗圃改用犁而不用锹耕作后,已观察到用锹深翻的好处。之后,因友人建议,用锹耕种麦地,据称所获净利大大超过邻人用犁耕种麦地所获净利。——译者

个人有利而易行，同时又能造福国家。

第三，采取一种价值标准，使劳动生产品的交换不受阻挠和限制，一直到财富生产得十分丰富，以致任何进一步的增加都被认为是没有用处的，而且也没有人想望增加为止。

现在我们说明提出这些办法而不提其他一切办法的理由。

首先说明提出普遍用锹而不用犁耕地的理由。

实际耕地的人都知道，促进植物生长的最有利的条件是适当地供应水分。这一点办到了的话，普遍的好收成是十拿九稳的。

水在所有植物的营养中都占很大的比重，如能源源供应的话，农民和菜农就有把握从自己的劳动中获得丰厚的报酬。因此，不论用什么样的耕作法，只要能以最适宜的方式从种子或植物周围除去过多的水分，并把这些剩余的水分储存起来，按照需要量源源供应，就必然有显著的好处。

所有实际耕作的农业家都知道，如果要取得最好的收成，就必须很好地耕作土地，把它平整得愈像菜地愈好。

　　这些都是无可争辩的事实,而且也没有人能否认,锹比犁预计能使土壤在雨季吸收更多的水分,往后又以最有益于植物生长的方式向种子或植物供给水分。

　　如果土壤充足,锹所能挖掘的深度就会使水分自由地流到种子或植物根部的下面去,并且留在那里,一直到长期延续的炎热把它在急需逐渐供应水分时再提上来供应地里的农作物为止。土壤挖得愈深,这种重要耕作法的好处也就愈大。因此,实行深耕和翻土可以增加收成,虽然后者所起的作用除去保墒之外,还能翻起新的和闲置未用的土壤,供人使用;但这两种效果都只有用锹才能取得。

　　犁对于土壤的作用在下述重要方面正好和锹相反:

　　犁非但不能使下层土壤**变松**,反而使它**变硬**。由于犁面光滑,犁身沉重,加上马蹄经常践踏,所以用犁耕作会使下层土壤形成一个表层,正好阻挡水分渗到底下去。在许多土地上用犁耕作几年之后,水分便保持在犁耕过的土壤中,在雨季使植物或种子淹死,在迫切需要水分的季节里却又很快地蒸发完了。因此农作物在干旱的季节里将因缺乏水分而受到损伤,甚至遭到毁灭。但在另一种耕作制度下,这种水分将保持在下层土壤中。

因此很明显,犁使人看不出它的缺点,使那些用犁耕地的人受骗,实际上它是**只能翻耕土壤表层的工具**,一般说来有极大的缺陷。

相反地,用锹不但可以把土壤表层耕得很松,而且可以挖起肥沃的下层土壤。在同一块土地上使用锹愈久,就愈易耕作。只要在土层够深的地方偶尔翻一下土,就可以使新土壤发生作用,耕作良好的下层土壤所能产生的好处就可以增加。

这些事实是无可争辩的,恐怕很少有人不愿意承认。

有人也许会说:"纵使承认这种说法完全正确,但是一张犁加上一个人和两匹马,在一定时间内干的活很多,所以尽管它有那些缺点,按人们的要求来说,仍然不失为更加经济的工具。"

在过去的年代中,这几乎是一种普遍的印象。所以犁便代替了锹,被认为是一般耕作的改良工具。

这一切表面上是有理由的,同时也得到怀有陈旧偏见的世人的承认。但报告人认为,犁并不是,而且在以往任何社会发展阶段中也都不是最经济的耕地工具。它在表面上看来最为经济,而实际上却不是。

根据以往耕作状况,用犁耕地(按照用犁耕作的实际情况)每英亩的直接费用在许多情形下都比用锹少。假定其他一切条件不变,用锹所能增加的收成,除开纽卡斯尔附近盖茨黑德地方的法拉先生以外,似乎没有人考虑过或者没有人精确计算过。法拉先生多年以来用锹耕作了一百英亩主要用作苗床的土地。据报告人所知,他在这方面的实际知识使他获得了一大宗财富。他在一连四年的试验中令人满意地证明:用锹耕作的费用每亩虽然超过用犁耕作的费用,但收成所增加的价值却大大地超过了耕作中多支出的费用;纵使"在现有情形下",用锹耕地也比用犁好得多,而且经济得多。

有人也许会问,锹为什么没有更普遍地采用,依靠种地营利的人为什么这样迟迟不愿意用锹呢?

只要稍加说明就可以回答这一问题。

直到目前为止,种地营利的人一般都是由于所受的教育而坚持老一套办法的人,他们的一切想法都局限在一个很狭小的范围内。直到最近以前,除开日常工作的一般例行事务以外,没有人教他们去想任何问题。他们的头脑没有受到培养。然而他们天生就有五官可用,所以一定能通过经验逐渐获得有关猪、羊、牛、马等家畜的有用的知识。这些家畜他们都能饲养得很好。但是他们所受的教育既然不脱历来教育的窠臼，他们就不可能认识自己，因此对于人性以及对于**人力**应当通过什么方法应用到土地上去才能比**畜力**更为有利的问题必然是一无所知的。根据我们所掌握的历史知识来说，直到目前为止人们的教育制度使他们对于自己和旁人完全无知。因此，人类最好和最有价值的能力都不能用于自身的福利和幸福。如果这个制度的最明智的使徒都不能把人管理好，不能妥善地支配人的能力，那么，像目前的农夫这样对人的了解必然更加有限的人就更无法担当这个任务了。农夫使用十匹马比使用十个人更在行，但用锹耕作需要用八个到十个人代替一匹马。要在这一事业中取得成功，指导用锹耕作的人就必须像目前农夫理解马的本性和管理法一样，彻底理解如何对人力作出经济的安排，这就必须对人性的各方面都具有认识。目前庄稼人对于这种变革都没有准备，所以不论用锹耕作比用犁耕作怎样有利，他们目前也没有能力采用这种方法。人们还需要经历很多**准备阶段**的变化。

他们对于**人性**必须具有像现在对于一般**牲畜**的脾气那样准确的认识。农业不能像过去和现在这样成为简单的农民职业，这些农民的头脑就像他们的土地一样缺少栽培。到那时,农业将成为这样一类人的愉快工作:他们经过教育养成了最优良的习惯和性情,熟悉科学技术中最有用的办法,他们的头脑充满了最有价值的知识和最为广泛的常识——能够对农业、各行业、商业和工业方面统筹兼顾,定出措施,并领导执行;这些措施将比以往一向分散经营的这些部门中曾经有过的任何措施都好得多。

人们将很容易认识到,这种文明的进步和普遍的改良,唯有**依靠关于环境对人性的影响的科学,并懂得怎样使环境易于控制才能实现**。

脱离实际的理论家和没有经验的人会认为,把犁换成锹就是在进步的道路上倒退,就是放弃优良的耕作工具而使用低劣的耕作工具。他们没有想到,用锹再加上必要的科学安排,在农业中所能引起的改进比在工业中使用蒸汽机还要大得多。他们更没有想到,用锹代犁这一革新将被证明比发明纺纱机所造成的革新更广泛、更有益,尽管使用纺纱机以后,我们现在所见到的不是一个轮子在一个农舍的一个角落里转动,而是成千上万的纱锭在一些从价值、规模和外观上看来都和皇宫相仿的房屋中,发出瀑布一样的轰鸣在转动着。

但是这一非凡的变革已是指日可待的了。它马上就可以实现,因为各个阶级的利益和福利都要求这种变革。没有这种变革,社会不能再前进一步。在锹未代替犁之前,文明势必倒退,劳动阶级势必由于失业而挨饿。

蒸汽机和纺纱机的使用,使人类的力量惊人地增加了。结果是这两种机器在半个世纪之内使英伦三岛人民的生产力或创造财富的手段增加十一倍以上,此外还使其他国家创造财富的手段有了极大的增加。

但是蒸汽机和纺纱机以及它们所引起的无数机械发明也给社会带来了祸害,现在这些祸害已经大大超过了从它们身上所获得的好处。它们产生了大量财富,并把财富交给少数人掌握。少数人利用这些财富继续吞没多数人的劳动所产生的财富。因此人民大众便完全为这些垄断者的愚昧与变幻无常的想法所左右,比**瓦特**与**阿克赖特**尚未出名时更加真正地无依无靠、真正地不幸得多了。但是这些富于创造性的著名人物却使社会作好准备,能够接受行将发生的重大有益的变革。

现在人人都知道而且感觉到,原先预计的这些发明所能给予社会的好处并没有实现。社会状况非但没有改进,反而在这些发明所造成的新条件下恶化了;社会正处在倒退之中。

所以,正如大众所呼吁的那样,"我们必须做点事情",使我们受苦受难的人民以及整个社会能从这些发明中取得一切科学家所期望的好处。

在提出用锹代犁耕地的同时,报告人筹划了一些科学的安排,认为每一个明智的人经过适当的考虑以后都会相信唯有这些安排才能使我们摆脱目前难以应付的困难,并使不列颠帝国将来在国际间维持自己的地位。这些安排是消除由于蒸汽机和纺纱机使用不当而产生的祸害的唯一有效办法,唯有它们才能使这些或另一些发明获得真正而实在的价值。我们在科学和技术方面的一切辉煌改进,直到现在所起的作用只是败坏社会道德,其原因是新产生的财富使用不当。

报告人现在提请公众注意的安排,提供肯定有效的方法,可以使人洗心革面,并使人民的一般生活状况无限制地得到改进。这些安排将使财富增长的速度远远超过现有制度所允许的限度,并能有效地杜绝现在伴随财富而产生的一切祸害。

据估计,大不列颠和爱尔兰现在的已耕土地共有**六千多万**英亩,其中有**两千多万**英亩是农田,其余**四千多万**

英亩是牧场。在目前的用犁耕作制度以及目前的放牧制度下，土地上雇用的**实际劳工**最多只有**二百万**，直接供养约为此数**三倍**的人口，并为**一千八百万**左右的人口供应食物。**六千万英亩**土地在适当的安排下用锹耕作，并以工业为副业，至少可以使**六千万劳工**获得健康而有利的工作，并可以使远远超过**一亿**的人口维持十分舒适的生活。但在目前英伦三岛人口稀少的状况下，纵使所有的劳工全都以农业工作为主，正当地用锹耕种的土地也不能超过**五百万或六百万**英亩。因此用犁耕地虽然有缺点，由于我国人口不足，可能在几世纪以后还无法全部用锹代替。然而在用犁耕作的制度下，人们甚至现在就认为大不列颠和爱尔兰的人口已经大大地过剩了。

从上述情况看来，不论劳动贫民有多少，我们在未来的许多世纪中都有办法为他们提供有益而固定的工作。

用锹耕作法经过设计周详、指挥正确的试验，已经证明是一种有利的耕作方法。现在，为了救济劳动阶级，用锹耕作已是绝对必需的了。我们可以有把握地预计用锹耕作将是劳动人民未来的固定职业的可靠来源。

其次需要注意的是，正式的用锹耕作制包含一些什么东西。换句话说，**新的用锹耕作者应当如何安置在工**

地上并加以组织才能使他们的工作对于自身和社会都产生最为有益的结果呢？

在这种安排的纲领中，我们的首要和不容偏离的指导原则是公众福利或全体人民的总利益。

为了这一目的，我们就必须把以下各点结合起来考虑：

第一，一般说来劳工要安排在什么地方才能最好地实行用锹耕作法呢？

第二，全部实行用锹耕作法，in cumulo[①] 耕种多少土地才最为有利呢？

第三，雇用多少劳工在一起工作才最有利于实现他们劳动的一切目标呢？

第四，要使这些劳工和他们的家属得到良好和经济的**住房、食物、衣着、教养、教育、工作和管理**，什么样的安排才算最好呢？

第五，他们的劳动在上述条件下生产出来的剩余产品要以什么样的方式来处理才算最妥当呢？

第六，什么方法最能使这些劳工的行为和劳动对于

———————

① 拉丁文：总共。——译者

他们的同胞、祖国和外国都有益处呢？

这些都是我们准备用锹代犁耕作时自然要加以考虑的一些主要问题。

用锹代犁在表面上看来是完全无关轻重的。在没有经验的人看来，甚至在有学问的人（如《爱丁堡评论》的那些可尊敬的朋友就是这种人，我们不能认为他们具有许多有用的实际知识）看来，这种变革是既简单又无实际重要意义的。

然而一般的情形是，一个国家在遭受巨大灾难而无力支撑时，往往从有实际经验的人那里而不是从单纯的理论家那里找到解救的办法，不论后者怎样机智、渊博、能言善辩。就目前所谈的问题而论，报告人所提出的变革初看起来虽然很简单，但实际的农业家、商人、科学家、政治经济学家、政治家和哲学家一旦给予这个问题以应有的重视以后，就会发现这一变革是与社会休戚相关的一种变革。它所产生的后果对人类福利的影响，比人类从渔猎时代进入游牧时代或从游牧时代进入用犁耕种时代的那种变革带来的后果要大得多。

这个变革也是在文明世界的安全遇到了最大的危机时提出来的，为的是使极端对立的种种利益重新结合起来,这些利益最能使社会原有的一切关系都发生分裂。

提出这种变革的时候,正是环境的力量已经把人们训练——甚至用战争这种毁灭性的艺术来训练——得能够部分地理解到计划良好的安排和广泛的组合可以产生何等优越效果的时候。

提出这种变革的时候也正是经验开始在某种程度上使人们慢慢地理解到这一事实的时候,即关怀人性最大的利益,而不保持一种错误的、使个人只想用违背公众福利的方式为自己和自己的党派谋利益的感情和策略,这样就能使每一个人都获得更高的利益。

如果我们以比较狭隘的观点来讨论目前这一问题的利害得失、范围和重要性,我们就不能理解它,而且也不能对它保持一种公正的看法。但是今天著名的政治经济学家中在思想上作好准备来研究这一问题的人,又是如何地少啊!

上面已经提出了大致的理由,说明锹作为一种科学而经济的耕种工具,在原理上比犁具有哪些优点;同时也简单地叙述了为这种变革作出经济的安排时,应当注意哪些问题。往下还要解释一下:用锹耕作法加上报告人已经拟定的改进措施,将大大地增加劳动产品,对这些产品进行有利的互换与交换时要根据什么原理。

这种难以估计地增长的劳动产品将使旧有的人为价值标准,即黄金比起1797年停止用黄金作为英国法定价值标准①时,或比现在我国财富已经增长得这么厉害时,更加不能尽其职能。

报告人认为,唯有**人类劳动这种自然标准**——规定了的、代表人类劳动自然价值或人类劳动创造新财富的力量的这种自然标准,才能符合我们的要求。

初次接触这个问题的人会认为,这种做法将遇到无数显然不可克服的困难。但是只要以唯一能抵御并克服困难的那种始终如一、坚持不懈的精神不断地注意这一问题,一切困难都会迎刃而解,这种做法也会证明是简单易行的。

能创造新财富的事物的价值自然相当于该事物所创造的财富的价值。如果我们让人们得到一般的公正待遇,那么一个人的劳动所能生产的财富,现在就可以许多倍于个人维持相当舒适的生活所需要的财富,而且有利

---

① 参见本书第9页注。——译者

于社会各个阶层。这些新财富在这种方式下生产出来
后,从事生产的劳动者有正当的权利取得自己合理的一
份;各个社区的最大利益也要求生产者在自己所生产的
一切财富中能获得公平而固定的份额。使生产者获得这
一份额的唯一原则是作出安排,使**自然的**价值标准成为
实际的价值标准。要使劳动成为价值标准,必须确定一
切进行交易的商品中所包含的劳动量。这一点实际上已
经做到了,这种劳动量在商业术语里称为"主要成本",也
就是任何具有价值的商品中所包含的全部劳动的净
值——制造商品时所消耗的或所包含的原料则构成全部
劳动的一部分。

　　社会的巨大目标是取得财富并享用财富。

　　物物交换的真正原则,是将某一商品的估计的主要成
本或劳动价值跟任何另一商品中的主要成本或其中所包
含的劳动量进行交换。这是唯一公平合理的交换原则。
但当发明加多、人类欲望倍增以后,这种方法用起来就不
方便了。物物交换就被商业所代替。商业的原则是以**最
低**的劳动量生产或取得每一件商品,然后又在交换中用它
来博取**最高**的劳动量。为了达到这一目的,必须使用人为
的价值标准,于是经过各国同意,金属就用来充当这种

标准。

商业原则在运用过程中产生了重大的利益，同时也产生了极大的流弊。但是正像物物交换一样，它是适应社会的某一阶段的。

商业原则刺激了发明，它使人变得勤勉而有才干，同时还可以使某些在其他情况下可能闲置而不为人所知的力量在将来发挥作用。

然而商业原则也使人愚蠢地自私自利，使他和其他人对立；它制造了欺诈和虚伪；它盲目地促使人生产，却又剥夺了他的享受的智慧。他在力图占旁人的便宜时，自己反而吃了亏。必然性的强有力之手现在将迫使他回到导向他久已缺乏的那种智慧的道路上来。他将发现，如果在实践中把物物交换原则和商业原则中最好的部分结合起来，并把其中已由经验证明为不便和有害的部分除去，就能得到种种好处。

这种社会发展中的重大改进用下列方式很容易实现，即在交换商品时完全按照商品的主要成本、也就是根据每种商品中所包含的劳动量（这种劳动量可以公平地确定），并通过一种代表这种价值的方便的媒介进行交换；这种媒介将因此而代表真正与不变的价值，而且只有当实际财富增加时才发行。

生产的利润在所有的情形下都来自被生产的商品所包含的劳动价值。这种利润应当达到最大限度,这是对社会有利的。商品所包含的劳动价值的精确数量决定于经过严格检查而证实为目前一天的劳动的真正价值量,计算的根据是现在一个普通劳动者有节制的劳动所能生产的生活必需品与生活享用品中所包含的财富量。

社会现在应当把一单位或一天的劳动定为价值的标准。要精确地断定一单位或一天的劳动的价值,则必须对现存社会状况加以广泛而严格的考察。但对这个问题纵使只加以比较粗略和一般的考察,也足以看出这种单位所代表的价值不必低于现在可以用五个先令购买的生活必需品与享用品中所包含的财富的价值。

地主和资本家在这种安排下可以和劳工获得同样的利益;因为劳动是一切价值的基础,唯有报酬丰厚的劳动才能使工农业产品提供高额利润。

目前劳动的价值压得很低,然而社会如用劳动作为价值的标准,可以立即在许多方面获得无从计算的利益。欧几里德几何学中的任何定理都不会比这一点更加确实。

用了这种便利的办法后,现在实际上已经不能为生产财富的人提供任何利润的世界各个市场,就可以无限地开放。那时在每一次交换中,有关方面都将为自己的劳动取得丰厚的报酬。

这种变革能够实现以前,必须采取各种预备措施。下面报告人将提出一些安排,使用锹耕作法具有它所能具有的一切优点。报告人阐明这些安排之后,自然要对价值标准实现变革以前的预备措施加以解释。

第三部　计划细节

报告的这一部分顺理成章地分别属于以下各个题目。我们先分别加以讨论，然后再把它们结合起来整个地进行讨论，因为它们构成为劳动阶级提出来的一种改良了的实际制度。这种制度无论从哪方面来看对于社会的每一部分都是十分有利的。这些题目是：

一、多少人联合在一起可以为自身和社会产生最大的利益。

二、这种协作社所耕种的土地面积有多大。

三、协作社成员的衣食住以及子女的教育应当怎样安排。

四、建立和管理这种生产组织时应当作出哪些安排。

五、剩余产品应当如何处理，各生产组织之间应有什么样的关系。

六、各生产组织与政府以及整个社会应有什么样的联系。

第一,政治经济学家在制定这种安排时,首先要充分考虑的是**联合起来组成第一个社会核心或社会组织的人数的最高限额是多少**。

这是政治经济学中最麻烦的问题之一。关于这个问题的决定将大大影响政治经济学家日后的一切活动。它将对个人的未来性格发生根本的影响,并将影响人类的一般活动。

实际上,这是人类社会整个组织的基石。决定于这一问题的直接与间接的后果非常多而且非常重要,因此仅仅把这一部分安排加以充分的论述就要写出卷帙浩繁的一大部书来。

为了对这一问题取得近乎合理的看法,我们必须不断地观察人类历史上偶然形成的组合所产生的各种效果,并对其他组合所能产生的结果具有明确的概念。

报告人经过多年的深思熟虑,并从改良的用锹耕作法以及一切社会目标着眼,认识到这一问题的重大意义之后,便不揣冒昧地提出:将来兼营有利的副业的土地耕作者协作社应加以安排,使其成员人数**最少为三百人,最多**不超过两千人,其中男女老幼人数的比例听其自然。

报告人作出这一结论时，绝没有忘记唯一可以作为政治经济学家可靠指南的那条原理，即**不论人们目前在社会上的人为地位如何，他们的利益都要求以最少的劳动消费量、以最有利于生产者和社会的方式最大量地创造具有内在价值的产品。**

完全脱离实际的理论家往往迷惑群众，使他们脱离正道。可是不论这些理论家受着什么样的奇怪观念的支配，有实际经验的经济学家却绝不会作出与上述基本经济原理相矛盾的结论；他们十分清楚，有矛盾的地方就**必然**有错误。

正是根据这一原理，才确定了上述最小数目和最大数目（三百人和两千人）。这一点在以下的题目中还要详细说明。

人数限于这个范围的协作社比人数过多或过少的协作社能使个人和整个社会获得较多的利益。

但组成农业新村的人数最好是八百至一千二百人。除非有强大的地区因素发生作用，永久性的措施应当只适合于全面安置这么多人的需要。

这种大小的新村（周围有距离适当的同类新村）能够兼备城市住宅和乡村住宅现有的一切优点，同时又毫无这两种社会所必然具有的无数不便与弊端。

如果从以上叙述中推想这种新村在任何方面和欧洲目前的任何农村或美洲的联合公社有类似之处，那么，对于报告人所提出的安排以及这些安排所能产生的社会利益就将怀有十分错误的看法；除非是说欧洲农村或美洲的联合公社可能是根据**联合劳动、联合消费、联合保有财产和特权均等**的原则建立起来的。

上面提出，实行用锹耕作的新制度的协作社的成员应为三百至二千人，具体人数根据农庄或新村所在地区的情况而定。现在我们进而考虑：

第二，**这种协作社所耕种的土地面积有多大。**

这将根据土壤性质以及其他地区条件来确定。

但是大不列颠与爱尔兰的人口远不足以用最有利的方式耕耘我们**最优良的**土地。所以把这种协作社安置在土质**低劣的**土地上将是国家的一种失策。目前对低劣的土地因此可以置而不论。

但是，社会一直受到脱离实际的理论家们的错误引导，事实上几乎犯尽了错误。其中最大的一个错误也许是使劳工脱离自己的食物的生产，使他们的生活依靠旁人的劳动和不稳定的供应——我们目前工业体系下的情形就是这样。如果认为有这种体系比没有这种体系能多供养一个人，那便是非常庸俗的错误看法。恰恰相反，在一定地区内全部人口如果都从事农业而以工业为副业，这样做比农业和工业人口分开所能供养的人要多得多，人们的生活享受也要高得多。

我们为劳动阶级作出改良性的安排时几乎在所有的情形下都要把劳工放在生产食物的地方，这样既有利于他们的生产，又有利于他们的消费。

因此，这些耕种者将分配到足够的土地，能为自己生产出丰富的食物和生活必需品，并能生产出公众对于这一部分人口所要求的剩余农产品。

在为劳动阶级作出的妥善安排下，他们只需要很短的时间就可以十分轻松愉快地取得自己的必需品和享用品，从而体验到工作简直就是足以使他们保持最健全的身体和精神、能够合理地享受生活的一种娱乐。

需要农业剩余产品的只是根本不从事体力劳动的较高阶级，以及从事精细的手工作业、因而在任何时候都不能从事农业或菜园劳动的人。

从事精细的手工作业的人纵使有必要也为数极少，因为我们可以制造机器来代替这种几乎永远是有害于健康的操作。

　　根据以上的看法,协作社所耕种的土地的数量,从它们本身的福利以及从社会利益来考虑,大概以每人半英亩至一英亩半最为相宜。

　　因此,一千二百人的协作社就需要六百至一千八百法定英亩,具体数字视人们希望该社从事多大规模的农业而定。

　　因此,如果人们认为主要剩余产品最好是工业品,那么六百英亩土地也就够了。如果认为获得大量的剩余农产品有好处,就应当分配一千八百英亩。如果该处地区条件便利协作社生产同样多的剩余农产品和剩余工业品,那么一千二百亩,或者说中间数量,就是最合适的。

　　这样说来,在报告人所提供的耕作制度下,土地将划分成许多占地一百五十至三千英亩的农庄,一般情形也许是八百至一千五百英亩的农庄。人们将看到,这种土地划分法在实际上将产生难以估计的好处。它能带来大小农庄的优点,而没有二者的任何缺点。

　　往下要讨论的是:

　　第三,协作社成员的衣食住以及子女的教育应当怎样安排。

　　住所离工作地点近,对劳工来说总是最方便的。选择耕种者的住宅地点时,应当根据用水、适当的高度、干燥的地势等条件所允许的限度,尽量靠近耕地中心。由于庭院里弄、大街小巷等格局造成许多不必要的不便,对健康有害,而且几乎破坏人生的一切自然享受,所以这些格局必须排斥;建筑物的布局将不存在这些缺点,建设起来也将经济得多。

从下文可以看到,全体成员的食物如果在一个总的安排下烹调,能比在其他情形下更便宜、质量更好;儿童在父母面前集体受教育,也比在其他情形下的效果好;大方形新村、更确切点说是大平行四边形新村,是适应协作社内部安排的兼备各种最大优点的形式。

这种形式的确对人生的享受提供许多好处,如果以往各阶层对于劳动阶级养成良好行为并享受幸福所必具的条件不是那样完全无知的话,这种形式早就到处实行了。

它可以用最简易、最方便而又最经济的安排,来满足所要求的一切目的。

平行四边形的四边可以设置成年人的寝室和起居室等私人房屋、入学儿童的公共宿舍、存放产品的贮藏室或仓库、旅社或宾客招待所和医疗所,等等。

在横贯平行四边形地面中央的一条线上,留出许多空地,使空气流通、阳光充足、来往方便,然后建筑教堂(或礼拜堂)、学校、厨房和食堂。这一切建筑对于全体人员来说都布置得十分方便,受到尽量好的公共管理,不让任何人感到麻烦、费钱或不便。

这种总的内部安排的好处只有这样一种人能认识和体会到:他们对于改良劳动阶级生活状况的大规模组织所能产生的有益效果具有丰富的经验,他们的思想超越了个别党派的利益的狭窄范围,他们冷静地考虑规划良好的人力协作社现在可以对各阶层产生一些什么样的利益。唯有这种人才能看出目前社会的行动完全缺乏远见,而且把造成繁荣的最有价值和最丰富的手段完全使用错了。他们能明显地看出现在的情形是盲人骑瞎马,夜半临深池,每前进一步都感到危险更加严重。

平行四边形新村既是报告人所提出的耕作协作社安排主要内务以及住宅的最好形式,现在最好解释一下这种安排所根据的原理是什么。

首先要说明的最为必要的原理是关于食物的原理。

政治经济学理论家过去和现在一向公认的一个看法是:用任何社会制度帮助一个人,使他的利益逐一地而且全面地和社会结合起来，那样做不如让他自己努力、让他同旁人对抗和竞争能使他生活得更好，对公众说来也更为有利。

这种个人利益的原则虽然永远同公众利益对抗，却被最出名的政治经济学家当作社会制度的基石。他们认为，没有这个基石社会就不能继续存在。

但当他们认识自己，并发现组合和协作所能产生的惊人效果时，他们就会承认：目前的社会制度是可能想出来的最反社会、最失策和最不合理的制度，在这种制度的影响下，人性中一切优良和宝贵的品质从婴儿时代起就受压抑，而且人们使用最违反天性的方法来发展最有害的个性倾向。总之，人们想尽了一切办法使天性中可以产生美德和幸福的最令人喜爱的成分变得乖谬无能、卑不足道。

这就是我们这一代人中所谓最好和最聪明的人的行为，其实这种行为并不能达到任何合理的目的。

这种个人利益的原则，引起了人类的一切分裂以及阶级、教派、党派和国与国之间对立情感所产生的无穷错误与恶果，造成了愤怒和恶毒的情绪，以及人类直到现在所遭受的罪恶与苦难。

　　总而言之,世间最违反真理的书生之见莫过于这样一种见解,即目前一般所理解的个人利益的原则作为社会制度的基础来说,不论对全体还是对个人都比联合和彼此合作的原则更加有利。

　　目前一般所理解的个人利益的原则像一副千斤重担压抑了最可贵的才能和气质,使人类的一切能力都被误用了。这是天大的错误(如果可以这样说的话)之一,当它见诸实践之后,就会引起千万种祸害。这些经济学家所根据的原则不能使国家或个人增加财富,它本身就是贫困的唯一原因;如果没有这种原则在起作用,财富在世界上任何地方早就不会成为争夺的目标了。我们可以问:如果经验证明,在人们之中实行协作、组合和广泛的协商,比互不关联的一群人所起的破坏作用要大一千倍,那么,协作、组合和广泛的协商在**创造和守成**方面所起的作用是不是也会同样大呢? 这一方面的结果为什么不能和另一方面一样呢? 大家都知道,具体的人和他们的利害关系组合起来时所能达成的结果不是个人独立工作、各自有其利益所在时所能企及的,而且也无法达到。这样说来,我们就会问,人们为什么会在这样长的时期中一直独立行动、互相对立呢? 这是一个重要的问题,应当极其认真地加以考虑。

直到目前为止，人们除开在自卫和毁灭他人这两方面以外，还没有受到使他们**联合行动**的一些原理的训练。为了保存自己，他们从很早的时期起就被迫在战争中联合起来，以便达到上述两种目的。然而现在还有一个同样有力的必然因素将迫使人们受到训练，在**创造和守成**方面也联合行动，以便在和平时期也能以同样的方式保全性命。对全人类来说，幸运的是个人利益对立的制度现在已经达到了错误和矛盾的极点，使大家在创造财富的条件十分充足时全部陷于贫困之中，或者是由于旁人贫困而陷于岌岌可危的境地。

肯思索的人已经在理论上承认，人们的性格主要是由自己所处的环境形成的。然而人们在伟大的实际生活中却一直不懂得运用所有科学中最重要的一门研究环境影响的科学。人们如能充分发展这种科学，就会发现：把智力联合起来以达成和平时期的目标比把体力联合起来以进行大规模备战活动要容易得多。

发现天体的运行与距离、发明钟表、发明远洋航行的船舶、发明由一个人简易地操纵就能做出相当于几千人的工作的蒸汽机、发明使人类的知识与改进可以很快地传给世界各地最无知的人的印刷术等等,对于人类诚然都具有很大的意义;然而这些以及其他发明对于人类社会状况的影响尽管重大,它们所产生的实际利益总计起来还远远不及人们运用新的智力——通过"研究环境对于人类全部行为、性格和行动的影响的科学"而养成的新的智力——后立即获得的实际利益。有了这种科学,人们在一年内所能做的有利于人性(包括各阶层和各类人的人性,一无例外)的事,将比以往一世纪或许多世纪所曾做过的还要多。这话在没有认识到目前社会的真实情况的人听来是很奇怪的,然而日后就会证明,这是真话而不是怪话。

目前世人的智力难道不是处于十分空虚的状态吗?社会难道不是停滞不前、无力在其现有的道路上前进吗?所有的人难道不是都在高呼"我们必须做点事情"吗? 要产生人们所希望的效果,"我们必须做的事情"就不能不是整个社会契约的全面革新。这种革新不能在时机未成熟的情形下用混乱和暴力的方式强制推行;它不能用英国的激进派、辉格党和托利党①,法国的保皇党与自由党

① 辉格党和托利党是英王查理二世统治时期(1660—1685 年)形成的两个政党。辉格党后来成为自由党,主要由工商界人士和接近他们的一部分地主和贵族构成。托利党是保守党的前身,主要代表大、中地主和贵族的利益。——译者

或德国的照耀派①的徒劳无益的措施来实现；它也不能由某一小地区的人的单纯党派活动来实现，这些人以往几乎受尽了一切错误的熏陶，对于自己是毫无正确的认识的。

不能这样！在进行我们所寻求的变革之先，必须明确地阐述一个伟大的普遍原理，它会把迄今使人性成为本身最顽强的敌人的、各种卑微琐屑的、互相冲突的利益结合成为一个整体。

不能这样！尽管我们必须进行广泛的（更确切地说是普遍的）社会改革才能使社会从它目前难以应付的困难中解脱出来，这种社会改革仍然要在各民族和各有关方面的善意与热情合作之下和平地、安静地实现。这种改革由于本身所能产生的利益，必然会几乎同时在所有的文明国家中经过一致的同意开始进行。一旦开始之后它就会日益加速地、不受阻挠地向前发展，把世界的现有制度打垮。那时唯一令人诧异的是，这些制度为什么竟能存在这样长久。

---

① 照耀派是 1776 年在德国成立的秘密团体，反对耶稣会（天主教的一派），主张自然神论和共和政体。照耀派反对专制，但拒绝采用革命手段与之斗争。——译者

在继之而起的新制度下，社会上不会听到任何怨言。人人都会清楚地看到当时存在的种种祸害的原因和自然而简易地根除这些原因的方法。这些原因将在大家的同意之下消除，而种种祸害当然也就永远消失；不久人们只能从文字记载中才知道曾经有过这些祸害。如果任何祸害的原因竟是人类行将获得的新力量所无法消除的，那么人们就能理解这些原因是必然存在的和不可避免的，因此也就不会再有无济于事的幼稚的抱怨。报告人直到现在还没有发现任何不是从现有的制度的错误中产生的原因，也没有发现任何在本论文所提出的制度下不容易消除的原因。

报告人和任何人所能做到的一样，充分地了解这些话和这些看法对于一般人自然会产生什么效果。但报告人知道，要使群众作好心理准备去接受并理解他将要解释的实际细节，同时认识那些针对现有制度的错误所产生的时代灾难而不得不采取的大规模社会改良措施，就绝对有必要把这些真理加以充分的说明。但是报告人现在还不是向一般公众讲话，而是向那些获得现有社会所提供的知识的一切教益的人讲话。他正是希望从这些人身上获得必要的帮助来实现他殚精竭虑地想为同胞取得的实际利益。

报告人已经说过，这种美好的变革将通过有关环境对人性的影响的科学知识来实现。

通过这种科学就可以产生新的智力，这种智力可以使一切决定人们祸福的条件由全世界现有的人来直接控制和支配，并可以使**目前确实不合理的个人奖惩制度**完全成为不必要的东西。这种制度一直违反着常识与人性的最明显的指令，人们一旦不再像现在这样愚昧和野蛮的时候，就不可能让这种制度继续存在下去。

知识之光一旦闪现，就会使最愚昧的人也能看出，这种制度的一切趋向都是要使人们堕落到一般动物的水平之下，并使他们变得更加悲惨、更加没有理性。

研究环境对人性的影响的科学将消除这种愚昧并证明，如用其他方法将能怎样容易得多地把人类一无例外地全都培养得积极、仁爱而明智，而毫无若干世纪以来一直使全人类受苦的不愉快和没有理性的感情。

这种科学的确可以称为防止愚昧、贫困、犯罪行为和苦难的科学。它诚然可以为人类开创一个新的世纪，那时真正的幸福就会出现并随着人类的子孙万代不断增长。

所有的人的性格都是在完全不利于培养他们的习惯、性情、才艺和幸福的现实环境下形成的——尽管如此，当代人，尤其是青年人学到了这种科学之后，就可以处在一种完全适合于人类天性并完全适合于公认的人生目的的环境之下，因而每一个人都可以像数学一样丝毫不爽地达成以往各世纪人们如饥如渴地追求的目标。

凡是碰巧在某地区生活、因现实环境所使而必然成为该地区的产物的人一定会认为上面的说法是不大可能实现的。报告人本着讨论这个问题所要求的真心诚意不偏不倚地说，这种现实环境也只能使他们成为地区性的动物。然而纵使是这些人也定能认识到：不久之前他们的前辈还认为开水上面的一层轻轻的气体经人力加以运用后可以在他们之中的一个人的简易操纵下做出几千人的劳动这件事，是更加不能实现的哩。通过机械学与化学的帮助，这件事和其他许多所谓不能实现的事竟都变成家喻户晓的确凿事实了。同样地，虽然人们现在还不敢希望历代累积下来的种种祸害在本质上不是一成不变的，但是如今在世的人有许多就很可能亲眼见到上述科学建立起来，并在他们的时代里很快地使祸害逐渐减少，从而在他们儿女的时代里完全把祸害消灭干净。

现在应该回头来考虑用来取得这些重要成果的预备措施。

报告人之所以用"预备"一词,是因为无论从社会的各个组成部分来看,还是从社会的整个情况来看,目前的**为环境所控制**的社会和将来学会**主动控制环境**的社会是完全不同的,因此我们必须采取一些暂时性的过渡措施作为阶梯,以便一步一步地往前迈进。

报告人对于行将建立的科学所具有的长期实际经验使他深信,为暂时的过渡阶段作出安排非但是有用的,而且是绝对必需的。我们在旧制度下获得了许多坏习惯,在过渡阶段中可以毫无不便地把它们逐步丢掉并换上新的、改良了的社会所要求的习惯。这样我们就能准备好条件,不声不响地、毫无斗争地消除使得人们以及各个国家彼此不了解、同时也不了解自己的一切地方性的错误和偏见。旧社会所产生的习惯、性情、观念和随之而来的感情像这样就可以平安无事地自然泯灭。新制度所形成的个人性格、行为和享受很快就能生动地说明一种社会比另一种社会优越得多,所以旧社会及其附属物的自然灭亡虽然是逐渐的,却不会静止不动。新旧两种社会并存时,人们只要略加调查研究,就会产生强烈的愿望,足以使新制度在实际可行的限度内尽快地实现。纵使是目前最顽固的"现状"派,在完全不受干涉、愿意怎样就怎样的情况下,也会迅速改变,快得连自己都感到莫名其妙。

这种过渡性的变革(其细节已经部分地作了解释),是报告人现在再次提请大家注意的变革。

在目前的制度下,劳动阶级各个人的脑力与体力劳动划分得十分细致;私人利益永远和公共利益相冲突;在每一个国家中,人们从小就被人有目的地加以培育,使他们认为自己的利益同其他国家的进步与繁荣不能并存。这就是旧社会追求人生所想望的种种目标的方法。报告人现在提出的细节所根据的原理,却导致完全相反的做法——也就是使劳动阶级各个人的脑力与体力广泛地结合起来;使私人利益与公共利益完全等同起来;使各个国家理解到,它们的权力与幸福唯有在其他国家的权力与幸福同样增进的条件下才能得到充分和自然的发展。这些也就是**现有的**和**应有的**情形之间的真正差别。

报告人现在正是根据这些原理提出农业新村的安排,使全体居民的食物在一个食堂内烹调,并让大家像一家人一样在食堂里一起吃饭。

人们对于这个办法提出了各种反对意见。但是提出反对意见的只是在社会生活的原理和经济方面学识非常幼稚的人(不论他们在其他方面有什么自命不凡之处)。

在这种安排下,新协作社的成员所得的食物供应比由个人或家庭安排要便宜得多、方便得多。人们很容易受到训练,习惯于这种方式。一旦习惯之后,他们就不再愿意恢复旧的生活方式了。

如果节省食物用量,把同样的材料做成更好的食品,同时以短得多的时间和少得多的燃料完成同样的烹调工作,并使食堂雇佣人员全都更安逸、更舒适和更健康等等都是有好处的事,那么,这一切在报告人所提出的新安排之下都是可以出色地做到的。

像这样做出来的食品,以非常周到的服务方式送到清洁、宽敞、阳光充足和空气新鲜的房间里去让大家分享,而周围的人又都衣服整洁、教养有素、教育良好、知识丰富,具有最仁慈的性格和良好的习惯——如果像这样吃起饭来能增加乐趣、得到正当的享受的话,那么,这里提出来的新村中的居民便将高度地享受到这一切。

当各方面的人熟悉了新制度的时候,实行这种优越的生活方式所需要的费用和所要克服的困难就比取得贫民现在被迫食用的膳食要少得多,何况他们现在还住在伦敦、都柏林、爱丁堡、格拉斯哥、曼彻斯特、里子、伯明翰等地最不卫生的大杂院和小胡同的阁楼和地下室里,吃饭时周围的一切都是极不舒服而令人厌恶的。

尽管这种对比十分鲜明,尽管实际状况远非言语所能描述,许多脱离实际的理论家和没有经验的人很可能仍然拥护个体安排和个人利益,而不愿接受他们所无法理解的东西。

这些人应当让事实本身来说服他们。

现在让我们进而叙述将建设在平行四边形新村的三边上的私人住宅的内部情况。

由于私人住宅区内必须有宽阔的空地,所以协作社的人数不论是打算接近于最大限度还是接近于最小限度,平行四边形新村在任何情形下都必须占有广阔的面积。根据居民的多少,私人住宅分成平房和两层、三层或四层的楼房;房屋内部也有相应的安排。

这种安排是很简单的。

厨房根本不必要,因为有了公共食堂就不必另建厨房了。

住房还将根据德比市的医院最近采用的改良原则,经常使空气畅通,并在必要时使室内的温度升高或降低。

这种改进办法的费用和麻烦比现行办法要少得多，至于它所能产生的卫生与享受方面的优越条件，那就更不用说了。

要使这些住房空气流通、室内温度升高或降低，只要打开或关上每个房间的两个气窗就行了。有了这种简单的结构就可以使室内空气新鲜，温度适中。

一个大小合适的火炉安置妥当后就能解决好几所住宅的取暖问题，这种安排只要在最初设计房屋的建筑时加以考虑将是既省事又省钱的。

于是，分设各处的做饭和取暖的火炉及其附属物所引起的一切不便和费用都免掉了，添火去炉灰等等麻烦讨厌的琐事也都免除了。

舒适的卧房面对着乡村的花园；大小适当的起居室面对着广场，此外还有许多公共的安排；这样便可以最大限度地为协作耕种者提供一切实用的和理想的居住条件。

饮食居住问题安排妥当以后，接着就要谈到衣着问题了。

这一问题的利弊似乎也很少为一般公众所理解；因此这方面所流行的观念和实际状况便是十分可笑、十分荒唐的。

大多数人都想当然地认为,要穿得暖和、有益健康,当然就必须穿上厚衣服,尽量不透风。这一论断初看起来是有理的。然而事实证明:有些人从小就穿得很薄,衣服式样是最透风的,另一些人的一贯习惯则是穿得一点风也不透——但在同样条件下,前者往往比后者强壮得多、活泼得多,一般健康状况更好,寒天更不怕冷,暑天更不怕热。穿厚衣服的人开始加衣服时,每次都觉得暖和一些,然而过不了几个星期,至多过不了几个月,衣服愈不透风他就愈经不住寒冷的袭击。

看来只有罗马人和苏格兰高地人这两个民族才根据实用观点采用民族服装,同时又注意使衣服非常合身而美观。这两个民族的服装设计的要求首先是使穿衣人具有雄壮健美的姿态,其次才是使体形有利地显示出来。然而人们目前花费许多时间、金钱、脑力和劳动来缝制出形形色色的服装,结果损害穿衣人的体力,使其体形变得十分可怜,这样做无疑地证明社会各阶级的智力水平很低。像这样绝顶错误地使用人的才力,达不到任何有用或合理的目的,反而使一切体力与脑力大大减弱,从各方面来说对社会都是极其有害的。

　　如果其他条件相同,只是一些民族从小衣服就穿得很少,而另一些民族则用衣服把全身都裹起来,只留两只眼睛在外面,那么前一类民族的性道德就比后一类民族要高尚得多了。

　　报告人虽然确信这里所说的原理是从永恒不变的自然法则中推演出来的,并且在可能实行的范围内也是完全正确的,但仍旧认为必须使人们先养成与今不同的习惯、性情和情感,才能让他们根据这种以至其他几乎任何一种自然法则采取合理行动。

　　不过在报告人所提出的社会过渡阶段里,人们可以合理而实际地逐步接近于遵守这些法则。

　　在目前的情形下,报告人主张新村居民的男孩子应当穿上类似罗马人和高地人所穿的衣服,使四肢不受束缚、周身空气流通,使他们能锻炼得强壮活泼、四肢发达、身体健康。

　　妇女们也应当很好地选择衣服,以便获得类似的重大好处。

　　在报告人所提出的安排下,根据服装的一切公认的效用来说,新村居民都将比旁人穿得更好,新村居民在衣着方面所需的费用、劳动以及所要克服的困难远远不到同样人数的中等阶层人民所需的百分之一,同时新服装的材料和式样也将被公认为比任何旧服装都好。

如果有人说,在衣着方面浪费脑力、时间、劳动和资本是有好处的,因为这样可以为劳动阶级提供职业,那么报告人的答复是:浪费这些可贵的人力物资不能使任何阶级得到任何好处。如果不能为人们找到更好的工作,我们宁可采取一位贵族的方法,教他们先在地下挖洞,然后再填起来,一次又一次无限制地挖了再填,也不要让很大一部分劳工阶级终身埋葬在有害健康的空气中,辛辛苦苦从事卑不足道的工作,而其结果又只能使自己的同胞在身心两方面都变得孱弱而反常。

新村居民采用了最好的服式和衣料以后,就可以成立常设机构,缝制衣服,几乎毋需任何人花钱费事。在许多年,甚至在许多世纪以内,衣着问题都不用他们操心费事。

这一部分计划实际上将证明有很大的优点,所以时髦服装只能在很短的时期内存在,而且只能在最懦弱、最愚笨的人之中存在。

下面报告人将讨论第三个问题最有趣的部分——同时他还要说,这是人生经济学中最重要的一部分。这一部分所涉及的是研究环境对人类福利与幸福的影响的科学，以及人们现在可以获得的充分支配和控制环境的力量，有了这种力量人们就可以掌握环境，既容易又有把握地使天下人人为善或人人为恶。

这些话用来说明儿童的教育与教养是没有人能误解的。

自从人类开始思考和写作以来，关于儿童的教育与教养问题就想了许多、也写了不少。然而以往所想的和所写的一切都没有能使人理解这个问题，也没有能说明我们的行动所应根据的原理。甚至到现在，最开明的人也几乎没有打算合理地思索这个问题。但是时代要求人们在这一部分人生经济学的问题上大大地往前迈进一步。

人们为儿童教育拟制出任何合理的计划以前，必须清楚地知道幼儿和儿童具有哪些能力和品质、事实上也就是要清楚地知道他们生来是什么样的人。

如果这种知识就像人类以往所获得的其他知识一样是通过感性的认识得来的，那么很明显，幼儿是从一个自己无法加以控制的来源和力量中获得自己所具有的一切天生的品质的，而且他们从出生的时候起，就不断地受到周围环境的影响；这种影响加上他们的天生品质（不论爱空想的人如何反对），在人生的每一个阶段中都确实决定了每个人的性格。

获得这种知识以后，人们就能像现在控制动物的体质构成一样控制幼儿的天生才能的组合。从问题的性质来看，后者进行起来一定是缓慢而有限度的，然而也许在不久的将来，就可以把这种知识运用于一个合理的重大目标即改良人的品种上，这种改良的程度将高于我们现在改进家畜品种所达到的程度。

不论人们将来能得到什么样的知识，从而能在后代出生的时候改良后代的品种，我们现在就有无数事实可以向肯动脑筋的人说明：对于影响初生婴儿的环境，人们目前已能在十分广泛的范围内加以控制；而且就环境能够影响人的性格这一点来说，我们这一代已经能够把环境控制得足以使青年人一无例外地具有人们现在所向往的任何不违背人性的性格。

报告人正是根据这一重大理由，在拟定新安排时才尽力排除能对新生一代的幼儿与儿童产生不良影响的每一种客观条件。

报告人已经准备在旁人能追随他时，把新的客观条件用一种方式加以组合,使新村绝无真正的不道德的行为、也就是绝无那种在社会上制造祸害与痛苦的行为,不论新村的数目发展到多少全都一样。

报告人从这些原理出发,推荐一种安排,使儿童在一起受教育,真正像一家人一样。

为此,每一个方形新村必须设有两所学校,必须有宽敞的运动场和游戏场。

学校可以很方便地设立在横贯平行四边形场地中央的一排房屋中,和教堂与礼拜堂相连。

一所学校接受二至六岁的幼儿,另一所学校接受六至十二岁的儿童。

可以说,报告人所提的安排的成败完全取决于这些学校中的儿童与幼儿受教育的方式。这话可以经得起任何精通这个问题的人的反驳。人们在幼儿时期和儿童时期被培养成什么样的人,成年后也就是什么样的人。现在如此,将来也永远是如此。这一规律之所以有显著的例外,是由于个人在上述时期受到培养之后又在其新环境中受到影响的缘故。

世界上的错误和祸害的最普遍的来源之一是这样一种观念,即**幼儿、儿童和成年人都受着自己所树立的并听**

凭自己树立的意志的支配。

然而最为明显的事实是：人们对于自己的任何才能或能力的形成是丝毫不能加以控制的，对于身心两方面的能力在每个人身上所存在的幻变不定的组合方式也是丝毫不能加以控制的。

既然如此，我们就可以认为，人性一直到现在都是被人误解、污蔑和野蛮地虐待的。因此，人类关于自身天性的说法和行为便是一片矛盾与混乱，十分有害于人类本身，从最伟大的人到最渺小的人一无例外。目前人人都受到这个基本错误的严重危害。

对这个问题多少有点了解的人都知道："人是环境的产物"，他一生的每一时刻中所处的环境和他的天生品质使他成为什么样的人，他就是什么样的人。

报告人不禁要问：如果我们把人看成是创造了自己、形成了自己的意志并造成了自己的习性与癖好的生物，并根据这种看法来培养他，这难道有半点能认为是真正聪明的做法吗？

肯定地说，如果有一天人们变得聪明了——如果有一天人们具有足够的知识能认识自己并享受幸福的生活了，那也必然是由于他们发现自己不是该受毁、誉、赏、罚的人,而是经过适当培育后,能够接受无限的知识、能够无限地改进的人,因此能在今生不断地享受幸福的生活,从而为来生作了最好的准备。

关于人性的这种看法是以无可争辩的事实为根据的。报告人现在要求所有从臆想的利益出发或者从那些经旁人灌输而认为正确的观念出发,因而怀疑这种看法是否可靠的人,把报告人在这个问题上所作的任何一条不是直接从不言而喻的真理中得出来的推论指出来。报告人确信,就是把旧社会的一切聪明才智统统使用出来也指不出这样一条推论。

报告人不禁要问:某些人何以坚持要为那些观念辩护呢?难道说那些观念即使是虚妄的,也还能对人有什么益处吗?试问有没有任何方面或任何一个人从这些观念中得到了真正的好处呢?

有些人认为自己从目前流行的有关这些问题的看法中和从这种看法所产生的制度中得到了很大的好处。报告人如能设法有效地消除这些人从小就受到的出生环境和教育的深远影响,就可以使他们完全相信,自己非但没有受益,反而是**主要**的受害者。他们自欺欺人,首先使自己蒙受极大的损失。关于这一问题的高明的认识总有一天会使大家相信,所有的人不论阶级和地位如何,都由于这种臆造的谬论而遭受过并且正在遭受着无谓而严重的束缚。

报告人十分清楚,在以往的许多世纪中,人民大众的处境迫使他们认为自己从这种谬论中获得了无法计算的利益。但是再确凿不过的真理是:这些人本来可以处在另一种环境中,不但能发现这些观念是错误的,而且能看清楚光是这些观念本身就使社会产生无数真正的祸害。当这些谬论被传授给任何一部分人并被他们相信时,**在这些人身上**便不可能存在真正的宽宏与仁慈精神。这些人所吸收的观念,不论他们自己怎么说,都必然会使他们痛恨和反对那些坚持真理、反对他们的错误的人;他们也不能容忍别人说他们完全受了最无益而有害的幻想的欺骗。他们的错误是由自己丝毫不能加以控制的环境产生的,因而不能责怪他们;只有出现另一种强有力的环境,足以抵消旧环境的影响时,才能消除他们的错误。

从以上所说的来看,要使人们发生报告人所提出的全部变革,就显然需要安排一个新环境。新环境不论从整体还是从每个部分来看都和已知的自然法则完全符合,连最精明的人也找不出丝毫不合之处来。

正是由于这些理由,报告人长期以来在教育力所能及的年轻的一代时所采取的原则和一般人所遵循的完全不同。

报告人认为每一个儿童的性情、习惯和情感都是由外力**为**他形成的;这一切唯有完全排除赏罚与竞争的观念才能好好地形成;如果儿童的性格没有变成应有的情形,那么,错误便来自他们的教师和其他的客观条件。报告人知道有许多像数学的基本原理一样正确的原理可以用来形成任何一种普遍的性格;通过上述其他客观条件的影响,在几年之内不但可以使少数个人,而且可以使全世界的人都变成十分优秀的人,远非古往今来任何种族所能及。

因之,这些新学校中的儿童必须受系统的培育,通过鲜明的形象来获得有用的知识。这些形象使他们养成运用自己的思维能力和判断能力的习惯,从自己所见到的事实中得出正确的结论。这种教导方式是以天性为基础的,它将代替目前这种毛病百出和令人厌烦的抠书本的学习方法。后一种方法既不能使儿童感到愉快,也不能使他们获得教益。适当地制定并实际运用以这些原理为根据的安排以后,儿童们就很容易、也很高兴在一天之中获得比旧制度下直到目前为止在好几个月内还要多的真正的认识。他们不但能像这样获得有价值的知识,而且每一个人都能在不知不觉中养成最好的习惯和性情,他们还将受到培育去承担他们的同伴和新村的利益所要求的一切任务和职责。唯有通过为人们所正确地理解的教育,人类社会才能治理得好,而且通过这种教育也能费力最少和最令人满意地达到人类社会所要达到的一切目标。

显然,我们必须把教育看成是跟协作社的种种工作密切相关的。在这种安排下,协作社的种种工作其实就是教育的必不可缺的一个部分。一般说来,每一个协作社都应为自己生产出充分的日用必需品以及使生活舒适、起居方便的物资和设备。

住房和家务安排即将在环境许可的范围内尽量靠近耕地的中心,所以菜园最方便的位置是开在方形新村靠外边的房屋外面,周围是大路。在与菜园隔开一段相当长的距离的地方,将盖上工厂和作坊,隔开的这段地方则种上树木。

所有的人都将利用科学所能提供的一切改良措施轮流参加新村的**一项或多项**工作。他们还要交替从事农业和园艺。

　　一般人都主张劳动必须仔细分工,利益必须分占。但是,很明显,仔细分工与利益分占不过是贫困、愚昧、各种浪费、整个社会里人与人之间普遍的对立、犯罪、痛苦、身心两方面十分无能等等的另一种说法而已。

　　这些弊害继续存在时,一定会使人类处于堕落不堪的境地。要避免这些弊害,必须使每一个儿童从小就受到普通教育,使他们能务正业,使他们成为社会上最有用的人,同时也是最能享受社会生活的人。

　　儿童在十二岁以前,可以很容易教育他对于人类已经得到的全部知识的概况抱有正确的看法。

　　通过这种方法,儿童很早就能认识到自己同以往的时代、自己所属的时期、自己所处的环境、周围的人以及未来的世事等方面都有关系。**唯有这样他们才能无愧于理性动物的称号**。

　　儿童的体力将在对己对人都有利的情况下获得平均的发展。当他们体力增长时,他们就将开始参加自己生产团体中的一切主要操作,这样,他们的劳动在任何时候和任何情况下向社会提供的利益,将大大地超过他们的生活费用而有余,同时他们还能不断地获得比现在社会上任何阶级更实在的享受和真正的乐趣。

在报告人所提出的安排下,个人进行比较轻微和永远合乎健康的工作时所能创造的新财富,真是无法估计的。这些安排使他获得巨大的力量,远远超过现在的劳动阶级或其他任何阶级所具有的力量。那时一切单纯的动物机器马上就不再存在了;这种机器只能跟着犁杖跑,或是翻一翻草地,要不然就是为一些无关紧要的工业品和微不足道的东西制造一些无关紧要的零件,这些东西社会有了还不如没有的好。到那时,不会再有病弱的磨针工、制造钉头工、接头工和两眼呆呆地望着周围土地而不能理解或不能合理地思考的庄稼汉,代之而起的是一个朝气蓬勃、实用知识丰富的劳动阶级。他们的习惯、知识、态度和性情,都将使他们之中最低劣的人物也远胜于古往今来的社会环境所造成的任何阶级中的最优秀的人物。

以上所说的,只是合理的教育方式和本制度的其他部分结合起来以后,对于本制度影响范围以内的每一个人所能提供的利益中的一小部分。

下面要讨论的问题是:

第四,**生产组织的建立和管理**。

这些新农业与一般工作的新组织,可以通过下列各种方式组成:(1)由一个或多个地主或大资本家组成,(2)由现在的拥有大量慈善和公共事业基金的团体组成,(3)由教区和郡为解除本地区的贫民与济贫税负担而设立,(4)由农民、技工、小商人等中等阶级和劳动阶级的团体组成,使自己从现有制度的弊害中解脱出来。

在新提出的安排下运用土地、资本和劳动,可以比在大家已经知道的其他任何制度下获得**多得多的金钱利益**,所以我们只要把这些安排的原理解释清楚,使大家都有所认识,同时找到或训练出充分了解有利地经管这些安排的具体细节的人,这样,大家就会马上联合起来实现这些安排。

主要的困难还是在于后一部分问题上。我们可以使每一个具有不同程度的智慧的人都把原理看清楚。它们都是自然界简单的原理,跟我们从事实中看出或认识到是正确的一切东西完全一致。但要实际去做任何新的事情,不论它是多么细小的事,都必须有时间和经验才能做好。我们不能希望包含着生活的全部内容的、使整个政治经济学成为实践的这些安排,可以一下子以最好的方式组合起来并付诸实现。开始时免不了要犯许多错误。

正像其他任何用人力把许多不同的部分组合起来、希望取得一个伟大的总的成果的尝试一样，我们可以预言，部分的失败是免不了的。

最初试验时，很可能有许多部分和整体配合不好，同时经验也会提出千百种改进办法。这种新机器将完成许多重大的社会职能。在实际行动以前，不论集中多少人的智慧都无法正确地调整新机器中所具有的如此多种多样的复杂运动。

这诚然是一具机器，它将十分出色地使人生的一切活动变得简单易行。他还能增加合理的、永远令人向往的享乐，其程度是一般人目前还不能平心静气地想像出来的。

如果以往各种机器的发明成倍地提高了劳动生产率，在某些情形下显然使个别的人获得了利益，而又使其他许多人的生活状况恶化，那么，**这个**发明却可以使全体社会成员的体力和智力同时增长到不可估量的程度，而在采用和最迅速地推广这个发明时却不会使任何人受到损害。

诚然，我们估计了这一非凡的机器的力量，并确定了它为社会做出的工作之后，我们对它的实际运转情况就可以努力加以认识。

只要经过训练就能管理一般生活中任何复杂事务的人，可以很容易使他们胜任愉快地在新的生产组织中参与管理和建设工作。

主要的困难是使第一个新的生产组织开办起来。我们必须十分小心谨慎才能使每一部分在适当的时候开始行动，才能作出由一套习惯改变成另一套习惯时所必需的防范和检查。

但是只要理解了原理以后，一个才能中常的人来管理这种组织比现在人们管理大多数的大工商企业还要容易得多。

在现有的工商企业中，各有关方面相互之间以及它们与公众之间，经常存在着各种不同的利益与感情的对立，并且广泛地存在着互相抵制的原则。

相反地，新的生产组织的每一部分都将给其他部分以方便，在每一种工作中都可以看到并感觉到利益与计划的统一。脑力、体力和科学活动都将协调起来，在这种情形下很容易产生的结果在不知道这些工作的原理的人看来必然是无法理解的。

首先我们必须找到一些人，他们不仅在园艺、农业、工业和一般行业等方面具有实际知识,而且能够理解协作社所根据的原理,并对实现这些原理感到兴趣和快乐。这种人是可以找得到的,因为报告人所提出的办法从各部分分别来看是没有什么新奇之处的——唯有组合的方法可以认为是新的。

一个生产组织成立以后,再为其他许多生产组织提供管理人员就不困难了。所有的儿童都将训练得足以担任任何部门的管理工作,尤其是因为负责指导的人和实际进行各种工作的人之间,并没有任何冲突。

让我们马上认真地进行这种事业吧。进行之后,目前看来十分艰巨的障碍就会很快地消失。

管理这些生产组织的具体方式要看开办人是什么样的人而定。

由地主、资本家、公共团体、教区或郡所举办的生产组织,将由他们派来的人员管理,自然也应当服从创办者所订下的规章与条例。

由中等阶级和劳动阶级根据完全互利的原则举办的生产组织,则由他们自行管理。他们所根据的原理应当能**防止**由于争权夺利而必然产生的分裂、利益对立、嫉妒和一般庸俗情欲。他们的事情应当由一个委员会指导,委员会则由协作社中某一年龄范围内（比如三十五至四十五岁或四十至五十岁之间）的全体人员组成。委员会由三十五至四十五岁的人组成也许能把更多的青年人的活力和中年人的经验结合在一起；但究竟规定哪种年龄范围，并没有多大关系。经过一个短时期之后，协作社的一切活动都会进行得十分顺利，使管理工作完全成为一种娱乐；管理者既然在若干年后又会成为被管理者，他们就必然会时刻意识到将来有一个时期自己会亲身体验自己的管理措施的一切善果和恶果。

采用这种公平而自然的制度可以避免选举与竞选运动的无数弊端。

由于大家都在一起毫无差别地受到教育和培养，他们将成为快乐的同事和友伴，十分了解彼此内心深处的思想感情。他们那里将不存在任何欺骗和虚伪的根源；人人纯朴坦率就像没有受过复杂的欺骗技术的训练的稚子一样（这种训练他们在目前制度下是难以避免的）。同时他们的全部行为都将受到正确合理的判断和智慧的指导。这种境界，在受到以往的环境和教育的限制的人看来，是想望不到的，在日常实践中是无法办到的。

这种协作社很快就具备的、非其他组织所能及的种种优点,以及它们很容易获得的知识(其他组织更不能与之相比),彻底清除了组织成员追求现在所谓的荣誉与特权的欲望。

他们的知识将是十分丰富的——他们正确地探索原因和结果的能力将大大地提高,因此他们一定能清楚地看出,自己如果提升为特权阶级,那就是使自己遭到严重的灾祸,并使后代在智力和享受方面肯定地遭到无可估计的损失,这对他们自己和社会同样都是有害的。

因此,他们无论从哪方面考虑都不会去干预现有较高阶层的荣誉与特权,而只会满足于自己的生活和地位。

在这种协作社中稍微还能有点用处的唯一的区别就是年龄或经验的区别。这是唯一的合理和自然的区别。任何其他区别都是和组织成员的既广且深的造诣格格不入的。尊敬老人和有经验的人将是很自然的、毫不勉强的事,因此将制定许多便利的规章,按年龄分配最适宜的工作,年龄超过了担当管理工作的期限以后,劳动就会减轻。

第五,**剩余产品的处理问题**,以及各生产组织之间的**关系问题**。

在报告人所提出的制度下,没有一般社会中到处都有的阻碍生产的情况,而有种种促进生产的便利条件,在一切内务安排方面也免除了时间和物质上的浪费。因此,在其他条件相同的情形下,新制度定能**生产出丰富得多的财富而费用则可大大地减少**。下一步的问题是,应当用什么方式来处理这种产品呢?

历来社会的性质使所有的人都害怕自己上别人的当:如不费尽心机来保持个人利益,就会害怕连自己的生计也被别人剥夺了去。这种感情普遍地产生了一种最愚蠢的自私心理,因为自私心理差不多**保证**了它所要遏制的那些弊害能够存在下去。

人性的一切自然需要可以通过最简易的管理方法得到充分的满足,那时这里所说的自私心就会由于没有充分的产生自私心的动机而不再存在。人们在发现这一点以前几乎没有可能组织这种新协作社。

那时人人都会清楚地看出,他们唯一珍视的那种财富可以很容易地生产出来,并超过他们的全部需求,以致任何个人积累的欲望都将完全消失。在他们看来,个人积累财富就像水这种非常宝贵的液体多得用不完时大家还要把它储藏起来一样是毫无道理的。

有了这种认识和由此而生的感情之后,目前由于创造新财富而产生的千百种反作用和遍及社会各阶层的无数行骗动机也将随之消失。公道与正义、坦率与公平将支配这些社会组织的全部活动。因此,它们之间要交换脑力和体力劳动的产品是没有任何困难的。一切产品中的劳动量根据目前计算商品主要成本的原理计算后,将很容易加以确定,然后按照劳动量进行交换。那时使人生产或制造低劣产品,或以欺骗办法使任何生活必需品、享用品和奢侈品降低质量的诱惑没有了。人人都可以清楚地看到,为了大家的切身利益,绝不能让这种不合理的行为产生;而要保证不产生这种行为,最好的办法莫过于完全消除不得不采取这种行为的动机。这种社会的成员将通过简易、正常、健康和合理的工作,生产出满足其消费欲望还有余的为数极多的剩余产品。因此可以让每个人都随便到公社的总仓库去领取他所要领的任何物品。这样做实际上将证明是最经济的做法,可以立刻消除这样一些人所设想的、经常在他们脑中出现的不可克服的困难。这些人一向在一般社会里接受教育,必然会从自己的乡土偏见的小圈子观点歪曲地看待一切问题。

我们可以很有把握地预言,这种新协作社成立一个之后,社会上就不可能不普遍要求建立其他同样的组织,它们将如雨后春笋般发展起来。把每一个生产组织内部的各个人的利益结合成为一致的利益的知识与原则,将使不同的生产组织之间同样有效地建立起同一类型的开明的团结关系。它们之间互相给予的利益,将同十分团结友爱的家庭中各成员之间互相给予的利益一样多,更确切些说,要多得多。

它们将按照最初的组织结构建立起来,以便产生最大的相互利益。

生产组织将尽量生产生活必需品和享用品。除了普遍供应这些产品以外,它们还生产特殊产品,以便提供品种极多的具有内在价值的物品,进行交换。特殊剩余产品的生产可以使各协作社的成员的工作增加活力与乐趣,这一部分生产将根据各生产组织所在地区的土壤、气候和其他地区条件加以规划。这一切都将以劳动为价值标准;体力、脑力和科学①的劳动量始终不断增长,假定人口在这种制度下会增长的话,整个社会的劳动(不论有多少)的市场或需求也会始终按同一比例不断扩大。在这种安排下,术语中所谓的"萧条时期"就不可能产生。

---

① 此处科学的劳动是指机械与化学方法所提供的劳动,这是欧文的看法。——译者

生产组织将设有谷仓和货栈存放充足的物资，使居民遇到农业普及以后的空前歉收年景时，有备无患。谷仓和货栈将指定专人管理，以便收进、检验、贮存并发放本组织的财富。

协作社将作出安排把自己创造的财富分配给社员，并将剩余产品和其他协作社的剩余产品进行交换。不论协作社之间相距多远，有关交换的一般规章将使交换活动变得十分简单易行。

协作社将根据英国银行新纸币①的原理印制代表劳动价值的证券，用于一切内部的交易或交换。证券完全根据库存物资的内在价值发行。上面已经说过，新村居民思想中的一切欺骗的动机将被彻底消除。因此，尽管这种新的改良办法对伪券的制造并无防范作用，新村也绝不会有任何伪券存在；代表劳动价值的证券在旧社会既无用处，新村使用证券时就不可能在这方面遭受旧社会侵害。

但是协作社必须为国家的紧急事件恪尽其应尽的义务。因此，报告人进而讨论下一个题目，即：

---

① 参见本书第9页注。——译者

第六,新生产组织与政府以及旧社会的联系问题。

在这个题目下,应当谈的是协作社的税收量与税款征收问题,以及平时和战时的公众义务或法律义务问题。

报告人的结论是,在现有社会制度下,政府在土地、资本和劳动方面的各项赋税不论收到多少,同样税率的同一笔税款,在新制度下征收起来要容易得多。政府当然要求用法定通货缴纳税款,因此,协作社必须在一般社会上出售足量的剩余产品,以便换取国家法定硬币或纸币,偿付政府所要征收的赋税。

在和平时期,协作社不会给政府制造丝毫麻烦。它们的内部规章是根据预防原理订立的,不仅针对侵害公众的罪行的规章是如此,就是针对一般社会里多得不可救药的个人的错误与罪恶的规章也是如此。协作社不需要法院、监狱和惩罚手段,这一切只有在人性大大被误解了的、以个人竞争和奖惩等败坏道德的制度为其社会支柱的地方才有必要——这一切只有在人们还没有发现那种研究环境对人类全部行为与性格所产生的确切而不可抗拒的影响的科学时才有必要。不论法院、监狱和惩罚手段直到目前为止对社会起了什么作用,现在就可以很容易建立的另一种环境对社会所起的作用将是大得不可比拟的,因为这种环境将有效地预防非到成熟和肆虐时不为我们现有制度所觉察的那些罪恶的滋长。因此,在和平时期,协作社可以使政府省去许多费用和麻烦。

在战争时期,协作社也是同样有好处的。旨在改良品性、增进个人健康与体力的健身操,将成为儿童教育的一部分。儿童通过健身操将学会怎样熟练地做出联合一致的行动。这种习惯在平时使他们生活有规则、有秩序,在战时则帮助他们更好地投入进攻和防御的作战行动。因此儿童在幼小时就**通过娱乐活动**养成习惯,使他们往后在一生的任何时期内,当祖国又要他们起来保卫时[①]只需经过一个很短的时期就能成为祖国最好的保卫者;因为他们比那些没有像他们这样审慎地受过体育、智育和德育训练的人十之八九要可靠得多。当他们参加正规军或民兵时,大概会选择当募兵。这样他们就成为一支后备队伍,从人数来看将是国家安全的一大保障。他们宁肯当募兵,以避免征兵制败坏道德的效果。

然而研究环境对人类的影响的科学很快就会使世界各国不但认识到战争的罪恶而且也认识到战争的愚蠢。

---

① 　时值英、俄、普等国联盟反法,击溃拿破仑帝国后不久,故云。——译者

在社会发展的现阶段里,人类所采取的一切谋求利益的行为方式中,唯有战争最不能使人达到谋求利益的目的。实际上战争是直接败坏道德和进行破坏的一套办法,而世界各国和所有人民的最高利益却要求**振兴道德和进行保护**。人们还没有发现那些使他们毋需战争便能处理事务的原理并在实践中加以运用以前,的确是当不起理性动物这一称号的。我们现在所讨论的制度可以很快地说明这些原理和做法要在一般社会中实现是多么容易。

从以上所说的来看,协作社的成员显然不会像旧社会中同样数目的居民那样使政府花钱费事;相反地,协作社将使政府解除全部负担;而且协作社既然会对各方面的人的性格与行为产生必然的和决定性的影响,它们就会大大增强它们所在国家的政治力量、威力和财力。

以上报告人就写报告、提交委员会审查这一表达意见的方式在现阶段所能达到的范围内尽量分别说明了使贫民获得永久而有益的工作、从而解救一切阶级的种种措施的细节。现在要把这些细节在这一目标下所组成的整体作为切实可行的、完全为了大大改善人类生活而制定的制度加以综合的评论。

报告人认为,以上所谈的对于理论家和实践家来说都是崭新的课题。理论家不知道用什么方法可以很容易地实现根据正确原理拟定的大规模组织。他们就像在别人提出与自己的理论不合的任何新措施时一样，立即宣称报告人所提出的计划完全是无法实行、不屑一顾的。实践家则习惯于在自己那一行——农业、各行业、商业、工业或某种自由职业——的范围内来看问题。因此，他们囿于成见，大多数人对于自己的行业只构成其中一小部分的任何总的措施总是不能理解的。对他们来说自己的职业或技艺是十分伟大的，就像亚伦的法杖①一样，把所有其他的职业和技艺都吞下去了，这样，他们就只能成为鼠目寸光的人。人类智力受到这种可悲的压抑，乃是目前分工制度和现有社会的整个安排的必不可免的结果。

报告人现在提出的措施绝不是无法实行的，现有的社会制度倒是很快就会使人看到是无法再继续下去的。人们现在都异口同声地一再呼吁：**我们必须做点事情了**。

报告人不禁要问：这种能够有效地普遍解救一切阶

———————

　　①　据《旧约全书·出埃及记》，亚伦是犹太教的第一个祭司长，曾同其弟摩西一起把犹太人从埃及领出来。据说，亚伦把自己的法杖丢在埃及法老面前，法杖就变成一条蛇，吞下了法老的术士们用自己的法杖所变成的蛇。——译者

级的必须做的"事情"是否能由单纯的农民、小商贩、工厂主、商人、律师、医师、神职人员或文人做出来呢？是否能由激进派、辉格党、托利党或任何教派做出来呢？一个人完全献身于一定的教派、党派或职业以后，就有一定的观念和一定的思想范围，对于所有这些观念和思想范围的极限我们难道不是了如指掌吗？从道理上讲，我们难道能够希望这些思想范围中最大的一个所提供的卑微琐屑的看法能产生任何近乎合理的"事情"，来解除社会上比比皆是的困苦状况吗？更确切些说，怀有这种空想的人岂不说明自己正像小孩一样懦弱无知吗？人类职业的普遍分工，绝不可能使人们的利益密切地结合起来。如果一种观念必然会使每个人在或大或小的程度上跟其他人隔离开来，那么这种观念就绝不可能对社会产生任何实际的利益。就我们所知，直到目前为止，这种观念一向是强加在儿童的头脑中的。许多世纪以来，其实是几千年以来，人们一直在讲和平、善意、宽宏精神和仁慈的好处，然而这一切在任何地方都不存在。相反地，**当个人赏罚与个人竞争的制度被当作人类社会的基础时**，与上述一切正好相反的品质在过去任何时代里都构成了个人和各个民族的本质，影响着他们的行为，而且肯定地在将来也仍然是这样。

关于人类的行为,我们可以打一个相当恰当的比方:它像想种葡萄,有着极宜种葡萄的土壤,然而对葡萄又一无所知的人的行为一样。他有个根深蒂固的想法,总认为荆条就是葡萄藤。于是他种下荆条,辛勤地浇水和栽培,但是成长起来的只是荆棘而已。接着他又种下荆条,改变了栽培方法,可是结果还是一样。第三回他又种荆条,上了许多肥料,更加精心地培植,但他所得的果实只是更硬更尖的荆棘。受到这样的挫折以后,他就责怪土壤贫瘠,相信单凭人力不能在这样的土壤上长出葡萄来,然而他又没有其他土壤。因此他便祈求超自然的援助,祈求土壤变肥。

于是他又有了希望,又种下荆条,加倍努力地培植,每时每刻都焦急地看着他所种的植物的成长。他想尽办法来改变整枝的方式:把某些枝子弯向一边,把另一些弯向另一边;他把某些枝条完全放在阳光底下,把另一些藏在阴处;有几枝不断地浇水,培上了施过大量肥料的土壤来促使其成长。最后他梦寐以求的收成到了,可是这次所得的仍然是各种形式和大小的荆棘,他的最乐观的希望落空了。

　　这时,他便想到了其他超自然的力量。每次改变办法以后,他都预计至少荆棘会长得有一点像葡萄。但他看到每次试种的荆条都没有结出果实,便感到自己最大的希望已经破灭了。他作出结论说,创造这种土壤的力量本来规定它只能生长荆棘,将来总有一天在某种情形下葡萄会作为一种再生果实从荆条的种子中生长出来。

　　因此他不断地渴望种出葡萄,他的土壤也特别适宜于栽培葡萄藤,只要用他对荆条所花的心思、费用和烦劳的千分之一,就可以结出最美味的果实来。他在失望之余,努力使自己平静下来。假如可能的话,他还会遥想未来的好运,借以宽解目前得不到享受的苦恼心情。

　　这就是自古以来人类生活的一幅精确的写照。人性中有能够盛产最合人意的果实的土壤,但是我们由于愚昧不种葡萄而种上了荆条。人人从小就被灌输"个人的性格是**由**他自己形成的"这一为害不浅的原理,产生了仇恨、报复、苛刻,以及这些情欲所产生的无数罪恶与苦难;只要人们继续相信这一原理,它就永远会产生同样的不受欢迎的邪恶情欲,因为这一切都是由于人类普遍接受并长期被迫相信这一错误原理而产生的种种制度的必然后果。

　　"个人的性格是由外力**为**他形成的,而不是**由**他自己形成的",这一真理已为有关人类历史的一切事实所证实,而我们的感性知识也时时刻刻在为我们提供证据。人们如能充分理解这一真理的实际运用,它对人类就将具有难以估计的价值。因此我们就不能再像以往那样,把这一命题的反面看成真理,并据以行动。我们不能再凌辱人性了。我们终于发现了葡萄藤或确凿的原理,让我们永远用它来代替荆条吧。我们认识了这条原理,就一定会逐步地以和平方式建立其他的制度,作出有所改良的安排。这些制度和安排将消除一切现有的祸害,并为人类利益获得永久的利益与幸福。

　　报告人已经说明了他所提出的制度的各个部分。这一制度将引导我们沿着目前人类堕落的心理与性格所允许的一条曲折最少的道路走向上述改良了的社会,但是我们必须全神贯注地开动脑筋才能理解这些部分的性质与目标。

　　比方一座时钟,我们单单认识它的发条或几个齿轮,即使认识了一切部件然而不知道时钟运转的最重要的环节时,我们能不能断定它的效用和价值呢?

　　如果理解钟表这样简单的机器都绝对需要事先对钟

表的整体有所认识，那么，一种可望给人类提供前所未见的最大利益的制度，任何人在断定它能否产生预定的效果以前，就更加需要彻底考察它的各部分和整个组合情况，以便充分地加以理解了。

这样考察的结果将说明：**制度的每一部分都是参照着一条简单的总的原理制定的**。各部分之间有着必然的联系，打乱了这种联系就一定会破坏这种体力与脑力的新型组合方式的效用和价值。

正像其他一切有益于社会的大变革一样，这种制度还会遭到人们的反对，但是如果我们很容易用试验证明，这一制度对全世界每一个人来说都会带来莫大的利益，那么即使把全世界的愚人所能产生的微弱力量聚集在一起，又怎能阻挡它在我国和其他国家建立起来呢？即使是人们支持一切旧习惯的天生的强烈偏见，也只能抗拒于一时。

理解了制度的性质与目的之后，谁也不会担心它会给自己带来丝毫损害——更确切些说，谁也不能不看出这种制度建立以后一定能使自己获得难以估价的切身利益。受阶级、党派、教派或国家的狭隘偏见局限的人所完全无法理解和控制的客观条件，已经使得这种变革成为不可避免的事情了。沉默不会阻碍它的进展,反对则将加速它的活动。

概括起来说,报告人向同胞们提出的一切究竟是什么呢?

报告人一生都在研究社会所遭受的各种祸害的起因,以及消除祸害的方法;现在报告人有事实可以证明,这里发表的、从上述长期的实际试验里得出来的安排是切实可行的,而且是行之有效的。因此,报告人愿为同胞努力,要变贫穷为富有,变无知为有知,变愤怒为仁慈,变分裂为团结。报告人愿为同胞努力,实现这种变革而不使任何人遭受一时的不便。任何人都不会由于这种变革而受到一小时的痛苦。实现变革之后,人人都可以在短期内得到实际的利益,而现有制度却没有任何部分会遭到过早的骚扰。

报告人的实际活动将从那些由于失业而成为国家负担的人那里开始。报告人将使这些人能够维持自己和家属的生活,并偿付自己就业所需的资本的利息。这样做对于被压迫阶级的性格与环境所产生的效果,很快就可以使公众看出并承认,报告人所实现的比他所许诺的要多得多。邪恶的、懒惰的和贫穷的人由于报告人的安排将变成有道德的、勤勉的和自立的人。那时,继续处在旧社会底层的人从现实的证据中看到新制度的好处比旧制度大以后,就会投到新制度下面来。

根据这种原理来说,每当新制度不能提供肯定的诱导力量使人们拥护时,从旧制度到新制度的变革就会受到阻碍而停滞不前,因为由来已久的习惯与成见将对一向受其熏陶的人继续发生强大的影响。因此,除开为失业的人找到有益的工作以外,还要有事实证明新制度比旧制度优越得不可比拟,这种变革才会进行下去。所以,它和以往的巨大变革不同,实现时不会引起任何流弊和不利。它不要求任何人——不论是哪个阶层或哪种身份的人——牺牲其财产或原则。它每进一步,都给人以百利而无一害。

报告人只是根据与新制度的原理相近似的一些原理行事,他同时还遭到旧制度无数谬误的强大阻挠,可是他已成功地使原来处在最不利的环境下的最不幸的人养成了某些习惯、感情和性情,从而使他们所享受的幸福比世界任何地方的处境相同的人都多。其实旧制度下的任何阶级的人纵使处在最有利的环境下,也绝不可能像他们这样幸福。

　　一方面是人们遭受着苦难，日益不满，我国人数最多和最有用的阶级尤其不满；另一方面是有人根据可供考察的事实，为社会提供了救济办法和获得广泛利益的办法——大家看到这一切之后，还要拒不加以调查研究，难道说得过去吗？报告人的建议有其最合理的根据，能给贫民和劳动阶级以充分的救济，同时对社会其他组成部分也是有百利而无一害的。试问自称为真心诚意要改善贫民和劳动阶级生活状况的人，能够拒不考察这个建议吗？

　　报告人并不乞求任何党派的支持，因为他不属于任何党派。他只是请求最能胜任这种事业的人从重视自身利益和社会利益的角度出发，正直地、不偏不倚地考察"（报告人积三十年的研究与实际经验所得出的）一项使贫民和劳动阶级获得永久的、生产性的工作、从而解除公众困苦并消除不满情绪的计划。计划中的安排将大大改进他们的性格，改善他们的生活状况，降低生产费用和消费费用，并创造与生产相适应的市场"。

图书在版编目(CIP)数据

致拉纳克郡报告/(英)罗伯特·欧文著;柯象峰,何
光来,秦果显译.—北京:商务印书馆,2023
ISBN 978 - 7 - 100 - 21764 - 4

Ⅰ.①致…　Ⅱ.①罗…②柯…③何…④秦…
Ⅲ.①空想社会主义　Ⅳ.①D091.6

中国版本图书馆 CIP 数据核字(2022)第 184753 号

致拉纳克郡报告

〔英〕罗伯特·欧文　著

柯象峰　何光来　秦果显　译

商 务 印 书 馆 出 版
(北京王府井大街 36 号　邮政编码 100710)
商 务 印 书 馆 发 行
北京市十月印刷有限公司印刷
ISBN 978 - 7 - 100 - 21764 - 4

2023 年 2 月第 1 版　　　开本 850×1168　1/32
2023 年 2 月北京第 1 次印刷　印张 2⅞　插页 2
定价:45.00 元